8° X
7535.

ALPHABET ILLUSTRÉ
DE BÉBÉ

4ᵉ SÉRIE IN-12

LETTRES CAPITALES

A B C D E

F G H I J

K L M N O

P Q R S T

U V X Y Z

LETTRES ORDINAIRES

a b c d e

f g h i j

k l m n o

p q r s t

u v x y z

CAPITALES ITALIQUES

A B C D E

F G H I J

K L M N O

P Q R S T

U V X Y Z

LETTRES ITALIQUES

a b c d e

f g h i j

k l m n o

p q r s t

u v x y z

CAPITALES GOTHIQUES

A B C D E
F G H I J
K L M N O
P Q R S T
U V X Y Z

LETTRES GOTHIQUES

a b c d e f g h i
j k l m n o p q
r s t u v x y z

CAPITALES ANGLAISES

A B C D E F G
H I J K L M
N O P Q R S T
U V X Y Z

LETTRES ANGLAISES

a b c d e f g h
i j k l m n o p
q r s t u v x y z

VOYELLES ET CONSONNES.

Il y a deux espèces de lettres, les VOYELLES et les CONSONNES.

Les voyelles sont des lettres qui peuvent se prononcer sans le secours d'aucun son.

Ce sont :

A E É È Ê

I O U Y

a e é è ê i o u y

Chacune de ces voyelles représente un son.

Les consonnes sont des lettres qui ne se prononcent pas sans le secours des voyelles, c'est-à-dire qu'on ne peut prononcer un son avec une consonne seule.

Ce sont :

B C D F G H J
K L M N P Q R
S T V X Z.

b c d f g h j k
l m n p q r s t
v x z.

ACCENTS.

Les accents sont des signes que l'on place au-dessus des voyelles pour en modifier le son.

Il y a trois accents :

L'accent aigu (´).
L'accent grave (`).
L'accent circonflexe (^).

L'accent aigu se met sur l'E fermé : **RU-SÉ.**

L'accent grave se met sur l'E ouvert : **PÈ-RE.**

L'accent circonflexe se met sur les voyelles longues :

PLÂ-TRE, PRÊ-TRE, ÉPÎ-TRE, MÔ-LE, FLÛ-TE.

a e i *ou* y o u

Ba be bi bo bu

Ca ce ci co cu

Da de di do du

Fa fe fi fo fu

Ga ge gi go gu

Ha he hi ho hu

Ja je ji jo ju

Ka ke ki ko ku

La le li lo lu

Ma me mi mo mu
Na ne ni no nu
Pa pe pi po pu
Qua que qui quo qu
Ra re ri ro ru
Sa se si so su
Ta te ti to tu
Va ve vi vo vu
Xa xe xi xo xu
Za ze zi zo zu

MOTS A ÉPELER.

Pa-pa. Gâ-teau.
Ma-man. Pain. Lit.
A-mi. Cou-teau.
Cou-sin. Pom-me.
Four-neau. Poi-re.
Chat. Rat. Sou-ris.
Chi-en. La-pin.
Be-let-te. Bla-ser.
Bal-lon. Bre-bis.

Bou - le.   Cli - mat.
Cro - quet.   Fa - got.
Dra - gon.   Ru - che
Flam - me.   Lu - ne.
Gre - lot. A - me. Lin.
Trom - per. Tou - pie.
Cher - cher. Prin - ce.
Mon - ta - gne. Ci - dre.
Phi - lo - so - phe.   Riz.
Thé. Vin. E - toi - le.

LETTRES ACCENTUÉES.

Mè-re. Pè-re. Frè-re. Pâ-té. Pâ-tre. Prê-tre. Fê-te. Tem-pê-te. Grê-le. Maî-tre. Gî-te. A-pô-tre. Au-mô-ne. Flû-te. Bû-che. Is-ra-ël. Mo-ï-se. Ha-ïr. Sa-ül.

CHIFFRES ARABES.

1	2	3	4	5
un	deux	trois	quatre	cinq
6	7	8	9	0
six	sept	huit	neuf	zéro

CHIFFRES ROMAINS.

I	II	III	IV	V
1	2	3	4	5
VI	VII	VIII	IX	X
6	7	8	9	10

LA PONCTUATION.

Les signes de la Ponctuation ont chacun une valeur particulière. Ils servent à séparer les groupes de mots, formés d'après le sens, qu'on appelle phrases ou membres de phrases.

Ces signes sont :

Le Point (.)
La Virgule (,)
Le Point et Virgule (;)
Les deux Points (:)
Le Point d'interrogation (?)
Le Point d'exclamation (!)

A-ni-mal.

Bé-bé.

Ca-ba-ne.

Da-me.

É-cer-ve-lé.

Fi-gu-re.

Gen-dar-me.

Ha-me-çon.

I-do-le.

Jou-jou.

Ka-ka-to-ès.

Li-las.

Ma-man.

Nau-fra-ge.

O-ran-ge.

Pa-pa.

Quê-te.

Ro-se.

Ser-pent.

TU-li-pe.

Voyage en Wagon.

SphinX.

Yo-le.

Zé-phir.

A-ne.

L'Ane est la mon-tu-re des gens mo-des-tes ou pru-dents. Il est sur-tout la mon-tu-re des en-fants et des fem-mes. Avec lui, on n'a pas d'ac-ci-dents à re-dou-ter, car il est bon-ne cré-a-tu-re, com-me l'a dit La-fon-tai-ne. Quand il n'est pas sou-mis à de mau-vais trai-te-ments, il est sans mé-chan-ce-té, on peut mê-me, sans dan-ger, s'en-dor-mir sur son dos.

Ber-ger.

—

Le BER-GER est ce-lui qui gar-de les trou-peaux; il est ex-po-sé à bien des pei-nes et des dan-gers. S'il ne fait pas at-ten-tion, le loup peut tuer ses mou-tons, ou ses mou-tons peu-vent s'é-ga-rer dans les champs voi-sins et en man-ger les blés, les lé-gu-mes, les jeu-nes ar-bres.

Il a bien du mé-ri-te, le Ber-ger qui, par le froid et le chaud, em-pê-che son trou-peau de re-ce-voir du mal ou de fai-re des dé-gâts.

Co-co-tier.

Oh! le bel et bon ar-bre que le Co-co-TIER! Son fruit, ap-pe-lé

Co-co ou Noix de Co-co, four-nit u-ne es-pè-ce de lait ex-trê-me-ment sain et a-gré-a-ble. Les sin-ges le con-nais-sent bien.

La pre-miè-re é-cor-ce de ce bon Co-co fait, comme le chan-vre, des vê-te-ments, des fi-lets.

Et la se-con-de, qui est très du-re, for-me des boî-tes, des jou-joux, des sculp-tu-res de tout gen-re.

Dé-sas-tre.

Pau-vres gens ! com-me ils fuient, com-me ils cou-rent de tous cô-tés !

Vo-yez cet-te mal-heu-reu-se mè-re em-por-tant tout en pleurs, tout é-che-ve-lée, le ten-dre en-fant qu'el-le nour-rit!

Où va-t-elle? où vont ces vieil-lards, ces pau-vres et ces ri-ches? ils l'i-gno-rent.

C'est que le trem-ble-ment de ter-re a ren-ver-sé dé-jà grand nom-bre d'é-di-fi-ces!

E-co-le.

Faut-il vous di-re ce qu'est l'E-co-le, à vous qui tous les jours y al-lez?

L'E-co-le, n'est-il pas vrai, est un lieu où l'en-fant doux et do-ci-le cher-che cha-que jour son bon-heur et ce-lui de ses bons pa-rents.

Si, en ef-fet, il y é-cou-te at-ten-ti-ve-ment ses maî-tres, il ré-us-si-ra, et ses pro-grès se-ront pour lui et sa fa-mil-le le plus grand des bon-heurs.

Fê-te.

—

Voi-ci Jus-tin et An-na qui n'ou-blient point la Fê-te de leur pè-re.

Ils ont pré-pa-ré leur pe-tit com-pli-ment; et, quand ils ne sau-raient pas le lui di-re tout-à-fait com-me ils vou-draient, leurs doux bai-sers le lui fe-ront com-pren-dre par-fai-te-ment.

Mais il y a au mar-ché une bou-que-ti-è-re, et pa-pa se-ra plus con-tent s'ils en a-chè-tent pour lui les plus jo-lies fleurs.

Gla-neu-ses.

—

A-près le bot-te-la-ge ou l'en-lè-ve-ment des ger-bes de blé, il res-te à ter-re des é-pis. Les pau-vres fem-mes qui vien-nent re-cueil-lir a-vec la main ces é-pis, s'ap-pel-lent des Gla-neu-ses.

Oh! leur ré-col-te est bien peu de cho-se. Aus-si les mois-son-neurs les lais-sent-ils tran-quil-le-ment rem-plir leurs ta-bli-ers de ces é-pis lais-sés, dont el-les fe-ront quel-ques bou-chées de pain.

Hon-te.

Ma-rie est bou-deu-se : lors-qu'el-le mon-tre ce vi-lain dé-faut, sa mè-re l'en-fer-me dans u-ne cham-bret-te ob-scure.

Là, Ma-rie seu-le, au bout de quel-ques mi-nu-tes, de-man-de par-don, el-le pleu-re, el-le a HONTE.

Hon-te, de qui? d'el-le-mê-me. De quoi? de sa ma-la-dres-se.

N'est-ce pas que sa mè-re trou-ve dans la hon-te un mo-yen bien sim-ple de la cor-ri-ger?

Im-pri-me-rie.

—

En-trons dans u-ne Im-pri-me-rie, si nous te-nons à voir des cho-ses bien in-té-ressan-tes. Que de tra-vaux! que d'ou-vri-ers oc-cu-pés pour com-po-ser un sim-ple feuil-let de vo-tre jo-li A-bé-cé-dai-re!

En par-ti-cu-li-er, que de soins in-gé-ni-eux dans la dis-tri-bu-ti-on ré-gu-li-è-re de ces let-tres de tou-te for-me, de tou-te gran-deur, et de tous ces si-gnes qui em-bel-lis-sent u-ne pa-ge!

Jeu.

A-mu-sez-vous, li-vrez-vous au JEU, chers é-co-li-ers, Dieu et vos maî-tres vous le per-met-tent, mais a-vec quel-ques con-di-ti-ons, re-te-nez-le bien.

D'a-bord, que vo-tre tra-vail de clas-se, que vos de-voirs d'é-tat et de fa-mil-le n'en souf-frent pas.

Et puis, dans vos jeux, ne so-yez ni co-lè-res, ni bru-yants, ni en-tê-tés, com-me des en-fants sans é-du-ca-ti-on.

Ka-ka-to-ès.

—

Vous con-nais-sez le per-ro-quet, cet oi-seau rou-ge, ou gri-sâ-tre, ou vert, qu'on pla-ce dans u-ne ca-ge, et plus sou-vent sur un per-choir.

Le Ka-ka-to-ès est un de ces jo-lis oi-seaux ba-vards, qui a sur la tê-te u-ne hup-pe de plu-mes qu'il dres-se à vo-lon-té. La Fran-ce n'a d'au-tres Ka-ka-to-ès que ceux que les vo-ya-geurs peu-vent y ap-porter de deux mil-le lieues

Lan-ter-ne ma-gi-que

Lan-ter-ne ma-gi-que! Piè-ces cu-ri-eu-ses! Qui de vous n'a en-ten-du cri-er ce-la dans les rues pen-dant les soi-rées d'hi-ver?

La Lan-ter-ne ma-gi-que est un in-stru-ment qui, au mo-yen de la lu-mi-è-re et de ver-res peints, pré-sen-te tou-te es-pè-ce de cho-ses sur u-ne toi-le ou sur u-ne mu-rail-le.

Quand vous au-rez é-té bien sa-ge, vous au-rez pour ré-com-pen-se u-ne sé-an-ce de Lan-ter-ne ma-gi-que.

Mou-ton.

—

No-é-mi, re-gar-dez bien ces pe-tits Moutons. Com-me leur lai-ne est fi-ne et blanche! com-me leurs yeux sont doux et bons! Point d'a-ni-mal plus ca-res-sant.

Dans les cam-pa-gnes, ils s'at-ta-chent à la ber-gè-re qui les gar-de, ils ne la quit-tent ja-mais.

Quand vous se-rez un peu plus gran-de, je vous en don-ne-rai un que vous con-dui-rez par-tout a-vec un sim-ple ru-ban.

Nid.

Oh! le mau-vais Gar-çon! il a a-per-çu un Nid de pin-sons, et mal-gré les cris plain-tifs des pau-vres pe-tits, il l'a pris et em-por-té chez lui.

Il ne s'est pas de-man-dé si le bon Dieu n'a-vait pas cré-é les oi-seaux pour dé-trui-re les che-nil-les et des mil-liers d'in-sec-tes qui ron-gent les fruits et les plan-tes.

Pour se plai-re à bri-ser les nids, il faut ê-tre sot et mé-chant.

O-rang-Ou-tang.

Oh! le vi-lain a-ni-mal que l'O-rang-Ou-tang! Beau-coup plus grand que les sin-ges, il est non-seu-le-ment ef-fra-yant com-me eux, mais en-co-re il est au-tre-ment dan-ge-reux par sa for-ce et sa mé-chan-ce-té.

Il peut se sou-te-nir sur ses jam-bes de der-riè-re, mar-cher et cou-rir com-me l'hom-me.

A-vec ses grif-fes et ses dents lon-gues et ai-guës, il fait beau-coup de mal.

Pou-le.

La Pou-le est ci-tée par-tout com-me le mo-dè-le de la bon-ne mè-re.

Re-mar-quez a-vec quel-le ten-dres-se el-le ré-chauf-fe ses pous-sins sous ses ai-les; com-me a-vec son bec el-le leur broie pres-que en fa-ri-ne les grains qu'el-le va leur cher-cher; a-vec quels cris dou-lou-reux el-le les ap-pel-le à l'ap-pro-che de l'o-ra-ge, d'un oi-seau de proie, d'un dan-ger quel-con-que.

Ques-ti-ons.

Hen-ri fait à son pa-pa beau-coup trop de Ques-ti-ons.

Pour-quoi les feuil-les de cet ar-ti-chaut ne res-sem-blent-el-les pas à ces lar-ges feuil-les de chou?

Pour-quoi cet-te vio-let-te est-el-le bleue et ce co-que-li-cot rou-ge?

Hen-ri n'en fi-ni-rait pas, si pa-pa ne lui di-sait : seul, ce-lui qui a cré-é ces cho-ses, sait pour-quoi il les a fai-tes dif-fé-ren-tes les u-nes des au-tres.

Ra-quet-te.

La Ra-quet-te est un jeu fort a-gré-a-ble; il e-xer-ce l'a-gi-li-té des mem-bres, il for-ti-fie le corps, et sur-tout on peut s'y li-vrer sans bruit ni dan-ger.

Quand les en-fants sont sor-tis de clas-se, ils se ré-cré-ent par-fai-te-ment a-vec la ra-quet-te.

Lors-qu'ils sont de-ve-nus as-sez ha-bi-les pour ne lais-ser ja-mais tom-ber à ter-re le vo-lant qu'ils se lan-cent, ils pré-fè-rent la ra-quet-te.

Sol-dat.

Le Sol-dat est l'a-mi des en-fants, il sait jouer avec eux, com-me il sait com-bat-tre les en-ne-mis de son pays.

Aus-si les en-fants ai-ment les sol-dats; dès qu'ils en-ten-dent le tam-bour ou la mu-si-que d'un ré-gi-ment, c'est à qui ar-ri-ve-ra pre-mier pour le voir dé-fi-ler.

Le ré-cit des ex-ploits des Zou-a-ves leur fait ou-blier le cer-ceau ou la tou-pie.

Tor-tue.

La Tor-tue n'est pas bel-le. Cet a-ni-mal a qua-tre pieds, mar-che très len-te-ment;

tout son corps, moins la tê-te, est cou-vert d'u-ne gran-de cui-ras-se du-re, et le plus sou-vent gar-nie d'é-cail-les.

Doit-el-le pour ce-la nous in-spi-rer la fra-yeur ou le dé-goût? Non, car el-le est très dou-ce; el-le ne se nour-rit que de mé-chan-tes her-bes et d'in-sec-tes nui-si-bles.

U-nion.

Paul, l'é-tour-di, se que-rel-lait a-vec ses con-dis-ci-ples ; son ami Eu-gè-ne est vite in-ter-ve-nu dans la dis-pu-te, il l'a pris par la main et l'a ra-me-né chez lui.

C'est que si Paul ai-me beau-coup Eu-gè-ne, à son tour ce der-nier ai-me beau-coup Paul.

L'u-nion e-xis-te en-tre ces deux en-fants. Dé-li-cieu-se et sain-te cho-se que l'u-nion, el-le fait le bon-heur de la fa-mil-le, de l'é-co-le et du pays en-tier.

Va-che.

La Va-che est la ri-ches-se du grand pro-pri-é-taire, com-me le sou-tien du plus pau-vre fer-mier.

El-le est bien u-ti-le, puis-qu'el-le nous don-ne le lait, le beur-re, le fro-ma-ge, et que sa chair for-me u-ne a-bon-dan-te nour-ri-tu-re pour l'hom-me.

El-le est so-bre et peu dif-fi-ci-le pour son a-li-men-ta-tion, les her-bes et les plan-tes les plus com-mu-nes lui suf-fi-sent.

Wo-ra-ra.

Aus-si bien que nous, les sau-va-ges con-nais-sent la qua-li-té des plan-tes.

Ain-si, dans l'A-mé-ri-que mé-ri-dio-na-le, ils sa-vent en quels lieux se trou-ve l'her-be ap-pe-lée Wo-ra-ra, et quel-les en sont les fu-nes-tes pro-pri-é-tés.

Poi-son ter-ri-ble, lors-qu'il a dé-trem-pé la poin-te de leurs flè-ches, le Wo-ra-ra don-ne in-fail-li-ble-ment la mort à l'en-ne-mi qu'el-les ont at-teint.

Xy-lo-gra-phie.

—

La Xy-lo-gra-phie est l'art de gra-ver, sur des plan-ches de bois, les let-tres ou les fi-gu-res. Ain-si, tou-tes les bel-les i-ma-ges que vous trou-vez dans vo-tre A-bé-cé-dai-re sont le produit de la xy-lo-gra-phie.

Vi-si-tez quel-que im-pri-me-rie de ce gen-re, vous ver-rez com-ment, dans u-ne jour-née, on peut fai-re par mil-liers ces gra-vu-res que vous ai-mez tant à re-gar-der.

Yo-le.

—

Quoi de plus é-lé-gant et de plus com-mo-de que ce pe-tit, tout pe-tit vais-seau que vous vo-yez là-haut.

A-vec l'YO-LE on tra-ver-se en quel-ques mi-nu-tes u-ne ri-vi-è-re, un fleu-ve, un lac.

Que l'yo-le sil-lon-ne l'on-de à l'ai-de de voi-les ou de ra-mes, el-le n'en of-fre pas, à ceux qui sont as-sis sur ses bancs, moins de sû-re-té, moins d'a-gré-ment.

Zi-be-li-ne.

Oh! le gra-ci-eux pe-tit a-ni-mal que la Zi-be-li-ne! N'ad-mi-rons pas la dé-li-ca-tes-se de son corps ef-fi-lé, la fi-nes-se de sa fi-gu-re, de ses yeux et de son nez poin-tu, l'a-gi-li-té de tous ses mem-bres.

Re-mar-quons seu-le-ment la beau-té de sa four-ru-re, qui nous don-ne ces man-chons si jo-lis, si chauds, dont nos mains et nos cous se ga-ran-tis-sent du froid et du vent.

HISTOIRE D'UN BÉBÉ

Le petit Anatole est un charmant enfant. Il dit bien sa prière le matin et le soir. Il ne pleure pas souvent ; il ne met pas ses doigts dans sa bouche ; enfin il a beaucoup de qualités et très peu de défauts.

Comme Anatole est encore très jeune puisqu'il n'a pas plus de trois ans, on a l'habitude de l'appeler : Bébé. Ce nom d'amitié lui plaît, et quand il veut obtenir quelque chose, il dit : Donnez ceci à Bébé, Bébé veut du bonbon.

Bébé va à la promenade avec sa bonne; il rencontre un marchand de coco; aussitôt Bébé s'aperçoit qu'il a soif. Il demande à sa bonne un verre de coco. Le marchand verse à boire à ce bel enfant, qui lui donne un sou pour sa peine.

Bébé voit passer un officier en brillant uniforme et monté sur un beau cheval blanc. — « Vois, ma bonne, dit Bébé, le joli dada ; Bébé veut aller aussi à dada. » Mais la bonne lui fait comprendre qu'il est trop petit pour monter à cheval.

Anatole aime beaucoup les enfants. Quand il en aperçoit, il agite ses bras en poussant des cris de joie. Il est si charmant, que tous les enfants qu'il rencontre s'arrêtent pour l'embrasser; les plus âgés se font un plaisir de lui donner des bonbons.

Anatole est le benjamin de la famille, car il en est le plus jeune. Ses parents le gâtent à l'envi l'un de l'autre : Il est comblé de jouets et de friandises, et s'il n'avait un bon naturel, il pourrait bien devenir volontaire, car tout cède à ses désirs.

Bébé a très bon cœur. Un jour sa maman le fait entrer chez un pâtissier. Elle achète un gâteau qu'elle donne à son petit garçon, et tire sa bourse pour payer. Mais quand elle se retourne vers Bébé, elle est tout étonnée de voir qu'il n'a plus de gâteau. Il l'a donné à un petit pauvre qui est devant la porte de la boutique et qui le mange avec appétit.

Pourtant malgré sa gentillesse Anatole a un défaut. Il porte tout à sa bouche. C'est ainsi qu'un jour il enfonce tellement son hochet dans son gosier, qu'il manque d'étouffer, et qu'on est forcé d'aller chercher le médecin pour le soigner.

Bébé va à la messe avec sa maman; mais, comme il ne sait pas lire, il ne se tient tranquille que pendant le temps où il dit la prière qu'il sait par cœur. Après il s'ennuie et il remue continuellement. Pour l'engager à être sage, sa maman lui donne une belle image, et comme Bébé est fort occupé à l'admirer, elle peut prier sans être dérangée.

C'est le jour de l'an. On a donné à Bébé beaucoup de joujoux; mais un petit bonhomme qui remue les bras en agitant des grelots lorsqu'on le secoue lui plaît mieux que le reste. Et voilà qu'Anatole le laisse tomber et qu'il se casse. « Mon joujou! » s'écrie Bébé au désespoir et en pleurant à chaudes larmes.

Le papa de bébé Anatole possède un jardin où l'on mène le petit garçon jouer quand le temps est beau. Bébé fait des pâtés superbes avec du sable; mais ce qui lui plaît encore mieux c'est d'aller dans un joli kiosque placé au milieu du jardin et dont les fenêtres en verre de couleur lui font voir les arbres tour à tour bleus, jaunes ou rouges.

C'est le printemps; Bébé va à la campagne avec ses parents. On le conduit dans l'étable, la servante de la ferme trait une belle vache noire et emplit de lait chaud une grande tasse et boit une si bonne gorgée de lait que lorsqu'il relève la tête il a une paire de moustaches blanches. « C'est du lolo, » dit-il en riant comme un petit fou. Bébé dit encore du lolo pour du lait, car il ne parle pas couramment.

Le premier mot qu'Anatole a su dire est le mot maman. Aussi le dit-il très bien. Quand il souffre, quand il a peur, lorsqu'il est joyeux ou fâché, il appelle sa maman. Tous les petits enfants font la même chose, car, après le bon Dieu c'est leur maman qui les garde, qui les soigne, qui veille sur eux et dont la tendre sollicitude les préserve de toute souffrance, de tout chagrin, de tout mal.

Anatole si bon, si gentil a pourtant encore un défaut assez grave. Il est extrêmement gourmand. Quand le pâtissier apporte chez ses parents une grande corbeille remplie de gâteaux, Bébé court après sa maman qui serre les gâteaux dans l'armoire. Il lui demande du *nana* et pleure de toutes ses forces quand elle refuse de lui en donner.

Un jour le pauvre petit Anatole eut une grande peur. Il fut surpris ainsi que sa maman par un orage épouvantable. C'était dans la campagne, et la maman ne voulait pas se mettre à l'abri sous les arbres, car elle savait que c'est très dangereux. Bébé se cachait derrière la robe de sa maman dont il entourait sa tête pour ne pas voir les éclairs ni entendre le tonnerre. Dans sa terreur, il déchira la robe, et un grand morceau d'étoffe lui resta dans la main.

La peur qu'il avait eue donna un accès de fièvre à Bébé, et sa maman le gâta comme les mamans gâtent leurs bébés quand ils sont malades. Il en résulta qu'une fois guéri, Anatole devint insupportable. Quand sa sœur Fane s'amusait avec sa poupée, il la lui arrachait, et si Fane se plaignait, il lui cherchait querelle, la battait, l'égratignait, enfin lui faisait toutes les méchancetés possibles.

C'est pourtant une bien bonne mère que la maman d'Anatole. Quand il est malade, elle veille jour et nuit. Une fois elle a été très inquiète, car son cher bébé était atteint d'une grave maladie qui rendait le docteur très sérieux. Mais la maman a mis au berceau du pauvre petit une branche de buis qu'elle avait fait bénir à l'église le jour des Rameaux, et elle a tant prié Dieu et la sainte Vierge Marie que Bébé est revenu à la santé.

Bébé a un petit cousin âgé de cinq ans et qui s'appelle Henri. Quand ils sont ensemble c'est un vacarme à ne pas s'entendre. Tous deux font un concert à leur manière. Henri marche tout autour de la chambre en battant du tambour, tandis qu'Anatole le suit gravement en agitant de toutes ses forces une sonnette à la main. Il y a de quoi rire en les voyant, mais il y a de quoi se sauver bien loin en écoutant leur musique.

Whist! Whist! ici, vilain! C'est Bébé qui appelle son petit chien. Le toutou a été nommé Whist, c'est un mot anglais qui veut dire chut! parce qu'il aboie toujours et qu'on est obligé de le faire taire. Mais Whist est désobéissant, il se sauve quand Anatole l'appelle. Bébé semble très mécontent; il s'écrie d'un ton courroucé : Bébé n'aime plus toutou; toutou est un vilain Whist!

Quel est ce gros bébé qui se promène dans le jardin? Il voit Anatole, et Anatole le voit aussi. Ils se tendent les bras, ils s'avancent l'un vers l'autre; Anatole embrasse le bébé; il lui demande son nom. Je m'appelle Xavier, répond celui-ci. Bébé trouve ce nom très singulier, il a beaucoup de peine à le prononcer, et Xavier rit aux éclats en l'écoutant.

Bébé Anatole a une grande sœur de quinze ans, appelée Zoé. Mademoiselle Zoé prend quelquefois son petit frère dans ses bras et le porte dans une yole dont son papa lui a fait présent. C'est un bateau très léger et très élégant. Il est conduit par un domestique de confiance. Le frère et la sœur font ainsi de charmantes promenades sur la rivière qui coule au bout du parc.

LA TOILETTE DE BÉBE

C'est un spectacle fort curieux que d'assister à la toilette de bébé Anatole. Comme il aime beaucoup à se promener, il est enchanté lorsqu'il voit sa maman apprêter son chapeau de feutre, ses jolies bottes, et son bonheur fait plaisir à voir! Malheureusement, pour aller à la promenade, il faut avoir la figure très propre, et celle de Bébé est barbouillée de confitures de groseilles. Il n'aime pas qu'on le débarbouille, et il se sauve dans tous les coins, poursuivi par sa bonne qui tient une serviette mouillée. Enfin cette opération difficile est terminée; on lui met un col blanc, des manchettes; Anatole se regarde au miroir, il se trouve beau et rit à son image. Le voilà tout à fait prêt, il a ses petits gants de drap, il tient à la main la pelle de bois et le petit seau de ferblanc qui doivent lui servir à faire des pâtés avec du sable. Sa bonne met un tablier blanc, elle prend Bébé par la main. Les voilà partis. Bien du plaisir, monsieur Anatole, amusez-vous avec vos petits camarades

FIN

Limoges. Imp. E. Ardant et Cie.

LIMOGES
EUGÈNE ARDANT ET Cie, ÉDITEURS.

www.ingramcontent.com/pod-product-compliance
Lightning Source LLC
Chambersburg PA
CBHW070249100426
42743CB00011B/2192